NOTICE

SUR

L'ILE DE ZANZIBAR.

PAR

Alfred GRANDIDIER.

EXTRAIT DU BULLETIN DE LA SOCIÉTÉ DES SCIENCES ET ARTS
DE L'ILE DE LA RÉUNION, ANNÉE 1868.

SAINT-DENIS, (RÉUNION.)

IMP. LITHOGRAPHIQUE ET TYPOGRAPHIQUE DE A. ROUSSIN,

RUE DE L'ÉGLISE, 96.

1868.

NOTICE

L'ILE DE ZANZIBAR,

Les états du Sultan de Zanzibar s'étendent depuis Lamo (2° 16' lat. N.) jusqu'au cap Delgado (10° 42' lat. S.). Bornés au nord par le pays des Somalis et des Gallas, au Sud par les possessions Portugaises de Mozambique, ils n'ont point à l'ouest de limites définies.

La partie de la côte orientale d'Afrique comprise entre ces limites, le Mrima ou terre ferme des Africains, a reçu des Arabes, ses premiers colonisateurs, le nom de *Souahil* (côtes) , et les habitants ont été désignés, sans distinction de tribu, par le mot *Souahili* (habitants des côtes).

La division politique qui est établie par les traités est toute conventionnelle. Les îles de Zanzibar, de Pemba, de Mafia, les villes de Quiloa, de Mombaz, de Lamo et quelques autres sans importance reconnaissent seules le pouvoir du Sultan. Les tribus qui habitent la côte de l'Afrique jouissent d'une indépendance absolue, sans que leur souverain nominal exerce ou puisse exercer sur elles la moindre influence.

L'île de Zanzibar (des mots arabes Zinj, noirs, et bar, terre), connue des indigènes sous le nom d'Angoya, est le siége du gouvernement du Sultan ; c'est la plus importante de ses possessions africaines. Elle s'étend parallèlement à la côte, dont elle est séparée par un chenal de huit lieues de largeur. Ce chenal, malgré de nombreux écueils, bancs de sable, petites îles, est facilement navigable pour les plus gros navires; le mouillage sur toute la côte occidentale est sûr. La navigation sur la côte Est, où l'on ne trouve aucune rade, présente au contraire beaucoup de dangers. De la pointe Nord Ongououy ($5°\ 42'$ lat. S. $37°\ 6'$ long. E.) à la pointe Sud Kisimkasi ($6°\ 28'$ lat. S. $37°\ 18'$ long. E.), l'île mesure quinze lieues de longueur sur une largeur variable de 3 à 4 lieues; la superficie totale peut s'estimer à 46 lieues carrées.

L'île de Zanzibar est basse, parcourue du nord au sud par de petites chaînes de collines, dont la plus élevée, le Koumkéné, atteint à peine 60 mètres de hauteur. Le sol appartient à la série neptunienne; c'est un calcaire quaternaire, à texture compacte, souvent sublamellaire, criblé de trous cylindriques qui se croisent en tous sens et lui donnent l'apparence boursoufflée des scories; on y rencontre d'énormes polypiers fossiles des genres mandrina, astrea, madrepora, qui paraissent occuper aujourd'hui la position qu'ils avaient autrefois au fond de la mer; souvent, il ne reste que les cavités circulaires de diamètre variable que remplissaient jadis ces coraux qui, transformés par la pétrification en carbonate de chaux lamelliforme, ont été désagrégés par les influences atmosphériques. Les empreintes ou les moules de coquilles identiques à celles qui vivent encore aujourd'hui dans les mers voisines sont fréquents; ce sont des cardiums, des tellines, des petricola, des arca, des vénus, des pectunculus, des fusus. Cette roche, stratifiée horizontalement, semble dûe à un dépôt calcaire qui s'est formé au fond de la mer autour de coraux et de coquilles, lithodômes, etc, et qu'a mis à nu une dépression du niveau des eaux. Ce roc forme, tout autour de l'île, comme une muraille à pic d'une hauteur de 8 à 10 pieds, muraille sombre, toute déchiquetée, profondément creusée à sa base par les flots. Le rivage est couvert d'un sable quartzeux que les vagues apportent du continent africain. Les divers points de la côte orientale d'Afrique que j'ai eu occasion de visiter ne présentent aucun rapport avec la formation géologique de Zanzibar qui est toute moderne.

La faune de l'île de Zanzibar offre un fait digne de remarque en ce que certaines espèces zoologiques semblent lui être propres : certains mammifères, tels que les Otolemurs, les Cercopithèques, les Mangoustes, les Antilopes naines sont confinées en effet à l'île de Zanzibar, tandis que les oiseaux, les reptiles, les insectes, les aranéides lui sont communs avec la côte orientale d'Afrique. Parmi les Scolopendrides, je citerai l'*Eucorybas Grandidieri* (*Lucas*), qui présente un grand intérêt.

La collection de crustacés dragués sur la côte a offert à M. Alph. Milne-Edwards quelques espèces très curieuses dont quatre nouvelles m'ont été dédiées par le savant professeur.

La flore de Zanzibar ne présente aucune différence notable avec celle de la côte orientale d'Afrique ; on n'y voit pas cependant de palmiers doums (*hyphœne thebaïca*) si communs sur le continent et avec les feuilles desquels se tressent les nattes et les paniers de Zanzibar. Le deleb, variété du *borassus flabelliformis*, se trouve au contraire en grande quantité dans la partie occidentale de l'île. M. le comte Jaubert qui s'est occupé spécialement de classer mon herbier, a surtout remarqué une bixacée d'un genre nouveau qu'il a inscrite sous mon nom, le *Grandidiera Boivini*.

L'opinion généralement accréditée sur le climat de Zanzibar est erronnée. Les effets n'en sont pas aussi meurtriers pour les européens qu'on a coutume de le dire, et il y a peu de pays exposés aux feux du soleil des tropiques qui soient moins redoutables. Les marécages couverts de palétuviers, où s'opère journellement la décomposition de détritus végétaux sous les rayons d'un soleil brûlant, y sont fort rares ; la plus grande partie de la côte est couverte d'un sable quartzeux, et les émanations putrides sont restreintes à des cantons peu étendus que les indigènes transforment à certaines époques en rizières, ou à de petits marais qui, à la fin de la saison pluvieuse, se dessèchent lentement. Les maladies les plus communes sont les fièvres rémittentes et intermittentes qui ne présentent point le caractère de gravité dont elles sont revêtues le plus souvent dans d'autres pays tropicaux, la petite vérole, l'éléphantiasis, et un grand nombre de maladies cutanées dûes à la nourriture du peuple qui se compose souvent de poisson à demi-pourri. Les Arabes habitent au milieu des odeurs les plus repoussantes sans paraître s'en apercevoir, et beaucoup des maladies contractées dans leurs villes viennent de cette malpropreté sans nom qui est l'un des plus grand fléaux des villes Orientales. La longévité n'est pas grande chez les nègres de Zanzibar ; on y rencontre peu de vieillards. Les Arabes et les Souahélis n'ont aucune connaissance médicale ; deux médecins Européens, un chirurgien de la marine française attaché à l'hôpital de la mission catholique, et un chirurgien de l'armée anglaise attaché au consulat britannique, donnent leurs soins aux malades.

L'île de Zanzibar compte deux saisons pluvieuses : la principale dure de mars à mai, l'autre de septembre à octobre. Les mois où la température atteint son maximum sont ceux de janvier, février et mars ; en juillet, août et septembre, le climat est fort agréable. On voit rarement le thermomètre baisser au-dessous de 21° ou monter (à midi) à plus de 31°. Les journées les plus chaudes sont du reste tempérées par des brises fraîches. Des vents de Sud-Ouest et d'Est soufflent durant huit mois de l'année ; durant les quatre autres mois, on a les moussons Nord-Est. Il tombe des rosées très fraîches presque toute l'année.

Sur la côte occidentale de l'île de Zanzibar , le sol est très fertile ; les plantations de cocotiers, de girofliers, d'orangers , de manguiers qui se succèdent et qui entourent l'île d'une ceinture de verdure , présentent un aspect fort pittoresque. Jusqu'à ce jour , les cocotiers et les girofliers ont seuls fourni des produits à l'exportation ; mais la canne à sucre trouve aussi à Zanzibar un sol propice, et sa culture qui y est fort restreinte et ne suffit même pas aux besoins du pays , pourrait s'accroître avec succès. Les expériences faites , les renseignements recueillis, autorisent à affirmer que le commerce trouverait dans la canne à sucre et dans le coton deux produits qui contribueraient puissamment à augmenter la richesse du pays. Il faut espérer que d'intelligents essais ne tarderont pas à être faits , et que l'île de Zanzibar et la côte Orientale d'Afrique verront se former des exploitations importantes sous la direction de colons européens ou créoles. Car il y a de vastes espaces à utiliser , de grandes améliorations à introduire dans ce pays; les limites posées jusqu'aujourd'hui dans les contrées sauvages au travail civilisé tendent à reculer , et les districts les plus incultes , les plus éloignés réservent de grandes richesses aux travaux futurs. L'extension de cultures propres à l'alimentation des fabriques européennes mérite d'être fortement encouragée comme utile au développement du commerce et à l'accroissement des importations; il est du reste probable que sous l'aiguillon du renchérissement de certains produits, la culture ne manquera pas de prendre un grand essor dans ces pays où la civilisation croissante développe chaque jour de nouveaux besoins.

Le manioc, le millet , le sorgho , la patate, qui fournissent presque sans travail aux classes pauvres leur nourriture quotidienne , le sésame dont les graines oléagineuses font l'objet d'un commerce étendu , se cultivent dans les plaines et les vallons qu'arrosent de petits cours d'eau ; certains cantons sont transformés en rizières durant la saison pluvieuse, mais ne produisent qu'une quantité de céréales très-inférieure aux besoins de la population.

Dans l'intérieur de l'île et sur la côte Orientale, il se trouve des espaces considérables au défrichement desquels s'oppose la nature pierreuse des champs ; l'on peut estimer, à plus du tiers de la superficie totale le terrain stérile et improductif. Le sol le plus fertile consiste d'ordinaire en une terre argileuse fort riche ; ailleurs il est sablonneux et léger : c'est là que les cocotiers croissent le mieux. La surface soumise à la culture ne dépasse pas 15 lieues carrées. Ça et là, s'élèvent les maisons de campagne des propriétaires Arabes; de nombreuses huttes d'esclaves sont disséminées partout au milieu des champs cultivés.

De tous les cours d'eau qui arrosent l'île de Zanzibar , aucun ne mérite le nom de rivière ; ce sont des ruisseaux , qui débordent souvent durant la saison pluvieuse. L'un, à Bouboubou (2 lieues N. de la ville de Zanzibar) , est conduit à la mer par un aqueduc où les embarcations des navires européens peuvent à haute marée , sans délai et sans peine, s'approvisionner d'eau excellente ; mais le plus important de tous ces cours d'eau est le Mouéra qui coule du N. N. E. au S. S. O. ; il s'engouffre à plus d'une lieue de la mer dans plusieurs conduits souterrains. La roche calcaire qui forme la base de toute l'île est d'une nature spongieuse , et absorbe les eaux, dès qu'elle n'est plus recouverte par une couche de terre argileuse ; sur le bord de la mer, une foule de petites sources qui sortent du roc donnent issue à l'eau qui a ainsi disparu dans les crevasses du sol. Le sultan a établi sur la rive du Mouéra une usine à sucre, et le cours d'eau a été utilisé pour faire mouvoir une roue hydraulique ; cette usine délaissée depuis plusieurs années a été cédée à une compagnie anglaise qui a tenté sans succès de la réorganiser. Cette petite rivière contient quelques silures qui atteignent une longueur de 15 à 25 centimètres. Celle de Mkokotoni contient quelques poissons de la famille des Gobiés ; ce sont, avec le petit poisson à écailles bordées de rouge, qui vit dans un puits de l'usine du sultan, les seuls poissons d'eau douce, que j'aie trouvés à Zanzibar. Les coquilles fluviatiles sont communes, surtout dans la partie marécageuse couverte de roseaux où s'étend le Mouéra avant de disparaître par ses issues souterraines : ce sont des ampullaria, des paludina, des lymnœa, etc.

On n'a jusqu'à ce jour aucune donnée certaine qui permette de se former une idée exacte du montant de la population de Zanzibar ; on peut toutefois l'estimer à environ 80,000 habitants. La ville de Zanzibar (lat. S. 6° 9' long. E. 36° 55') contient 45,000 âmes, et durant l'hivernage, il s'y joint une population flottante de 10 à 15,000 Arabes, Hindous, Somalis, etc., qui retournent dans leur pays dès l'établissement des moussons S. O. ; durant ces dernières années, la population s'est accrue.

Les habitants de Zanzibar appartiennent à des races très-distinctes. Les Arabes, qui du reste sont peu nombreux, forment l'aristocratie du pays ; ce sont les propriétaires fonciers les plus riches, et ils possèdent de nombreux esclaves ; ils sont ignorants et superstitieux, menteurs et sans foi. Si la prospérité des états du sultan de Zanzibar dépendait de ces êtres dégénérés, on pourrait en désespérer. Ayant acquis, dans leurs rapports avec les européens, des goûts de luxe, ils semblent être parvenus, au moins comparativement, à un certain degré de civilisation ; mais leur paresse et leurs vices les privent chaque jour d'une influence et d'une opulence qui tombent entre les mains d'une race étrangère protégée par le gouvernement anglais, les Banyans et les Musulmans de l'Inde. Le vêtement des Arabes consiste en une longue chemise blanche tombant jusqu'à la cheville, un gilet de soie ou de coton sans manches, une ceinture de même étoffe, un turban, un jubbah ou tunique de drap légère, ouverte par devant et bordée d'une ganse d'or, enfin de sandales. Tout Arabe ne sort qu'armé d'une épée droite à deux tranchants, et d'un jumbea, poignard courbe ; sur l'épaule gauche, pend un petit bouclier de peau de rhinocéros, transparent comme l'ambre dont il rappelle la couleur ; une lance longue et légère complète l'équipement. Les femmes Arabes ne sortent jamais de jour ; mais dès le coucher du soleil, on les voit se glisser sans bruit dans les rues obscures, accompagnées de leurs esclaves : c'est l'heure où l'usage les autorise à se visiter entre elles. Elles portent alors un masque de fil de métal qui couvre, sans le cacher, le haut du visage. Les femmes exercent une grande influence à Zanzibar ; on les dit fort adonnées aux intrigues amoureuses.

Des rapports qui se sont forcément établis entre les conquérants et les femmes Africaines, a surgi une race nombreuse qui compte beaucoup d'individus intelligens et entreprenants, dénués de préjugés religieux, mais le plus souvent vicieux et corrompus.

Si le pouvoir et la propriété territoriale sont entre les mains des Arabes, l'aristocratie d'argent est formée par les trois à quatre mille indigènes de l'Inde qui résident à Zanzibar et dont le nombre va s'accroissant chaque année : ce sont principalement des Banyans de Cutch, des Bhoras et Khodjas de la côte de Malabar, tous sous la protection du gouvernement anglais qui leur doit en partie sa grande influence à Zanzibar. Dans les divers bazars de la ville, toutes les boutiques sont tenues par ces Indiens qui jouissent des mêmes privilèges que les Arabes et exercent librement leur religion; la plupart des marchandises importées soit d'Europe, soit des Etats-Unis, passent par leurs mains. Sobres et intelligens, ils acquièrent graduellement toutes les richesses et toutes les propriétés de l'île, tandis que les Arabes, par suite de leur apathie indolente et de leur mauvaise foi, s'appauvrissent et se déconsidérent de jour en jour. On trouve des Banyans dans toutes les villes et villages de la côte Orientale d'Afrique; quelques Bhoras ont des établissements à Nossi-Bé, à Mayotte, et sur la côte Ouest de Madagascar. Les Banyans, qui appartiennent à la religion Hindoue, n'amènent jamais leurs femmes ni leurs enfants, et ils retournent dans leur pays, aussitôt que leurs intérêts le leur permettent; les Bhoras et les Khodjas, sectes musulmanes, se font accompagner de leur famille et deviennent des colons permanents.

Les autres habitants de Zanzibar sont de race nègre, et appartiennent aux tribus les plus diverses. Les esclaves qui forment la masse de la population ont été pour la plupart amenés de pays fort éloignés, souvent du centre même de l'Afrique; il est facile de reconnaitre aux traits plus ou moins fins, aux dents aiguisées en forme de scie, aux dessins et cicatrices dont les visages sont bizarrement balafrés, l'habitant des rives du lac Nyassa, le Nyamesi qu'on a arraché aux plaines de l'intérieur, le Wanika que ses parents ont vendu sur la côte de Zanzibar pour quelques grains de verre ou pour quelques mètres de grossière cotonnade. Aucun esclave ne vient de la partie de la côte située au Nord de

Mombaz qu'occupent des tribus guerrières. La race est généralement belle et robuste, on voit peu de ces types déformés, de ces figures repoussantes, aux nez épatés , aux lèvres épaisses , qu'on est habitué à considérer comme caractéristique chez les habitants de la zône australe d'Afrique.

A Zanzibar , les esclaves adultes nouvellement importés se vendent de 50 à 150 fr. , les enfants de 60 à 80 fr. Autrefois, par tête d'esclave débarqué dans l'île , on payait un dollar (5 fr. 50) ; aujourd'hui cette taxe est doublée : c'est le fermier des douanes qui prélève cet impôt compris du reste dans son contrat avec le sultan. On amène les esclaves sur des boutres, petits navires Arabes, où, pressés les uns contre les autres, ils sont, nuit et jour , exposés au soleil, à la pluie, au vent; à peine reçoivent-ils la nourriture strictement nécessaire au soutien de leur misérable vie. C'est un triste spectacle de voir ces malheureux , nus , à peine capables de se soutenir , ayant atteint le dernier degré de maigreur , défiler un à un dans la cour de la douane devant le banyan chargé de prélever sur chacun d'eux l'impôt fixé par les tarifs.

C'est principalement au long voyage qu'ils ont dû faire de leur pays jusqu'à la côte à travers des contrées peu hospitalières où il est si difficile de se procurer les alimens nécessaires à la vie, que l'on doit attribuer l'état hideux auquel ils sont réduits à leur débarquement. A Zanzibar , ils prennent du repos , et reçoivent une bonne et abondante nourriture ; puis dès qu'ils ont recouvré la santé , et repris des forces, leur maître les amène au marché pour les vendre au plus haut et dernier enchérisseur. Le marché aux esclaclaves se tient tous les jours ; les chalands y vont examiner et marchander les nègres de tout âge et de tout sexe qui y sont exposés aux regards, rangés sur plusieurs files, comme autant d'animaux destinés à la boucherie.

Les esclaves employés dans les plantations ont une vie

heureuse et facile. L'Arabe est trop indolent, trop apathique, pour exiger beaucoup de travail de ses serviteurs ; habitué à une existence nonchalante, il ne songe pas à leur imposer des fatigues auxquelles il ne saurait lui-même s'astreindre. Les esclaves sont libres deux jours par semaine, le mardi et le vendredi ; ils vendent pour leur propre compte tous les fruits des champs qu'ils apportent ces jours-là à la ville. Ils ont tous, au moins comparativement, une bonne hutte entourée d'un petit champ consacré à l'alimentation de leur famille.

Ils sont généralement propres, bien vêtus ; les hommes portent lié autour des reins un morceau d'étoffe qui tombe jusqu'aux genoux ; les femmes enroulent autour du corps une pièce de cotonnade bleue ou de couleur qui, serrée fortement au dessous des bras, comprime la gorge et laisse nu le haut du buste. Les négresses aiment beaucoup les ornements d'argent, les colliers de verroteries, et elles mettent une coquetterie toute particulière à arranger leurs cheveux crépus qu'elles partagent en une foule de petites nattes tressées avec art.

Les esclaves que leurs maîtres louent en ville reçoivent d'ordinaire huit pesas de l'Inde (environ 35 centimes) par jour, sur lesquels le propriétaire perçoit cinq pesas, lui en laissant que trois pour se nourrir et se vêtir. Un Arabe propriétaire de quatre ou cinq esclaves se considère comme assez riche pour se dispenser de travailler, et il passe ses journées à se promener dans les rues de Zanzibar, son épée à la main et son bouclier sur l'épaule. Souvent un nègre esclave possède lui-même des esclaves.

Les Arabes regardent comme un acte méritoire de donner la liberté à un esclave, et souvent, au moment de mourir, ils appellent le Cady pour faire dresser légalement un acte d'affranchissement que l'affranchi porte d'ordinaire dans un petit cylindre d'argent attaché au cou ou au bras.

Les marchands d'esclaves se recrutent parmi les Arabes les plus vils et les plus méprisables. Des côtes Occidentale et Orientale d'Afrique, Zanzibar est le seul point où la traite soit autorisée par les gouvernements européens. Les croiseurs anglais qui ont mission de réprimer ce trafic hors des états du Sultan, profitent malheureusement de leur force pour commettre des actes de violence qu'on se refuserait à croire de la part d'une nation civilisée sans l'appui de documents authentiques ; ils ont, en beaucoup de circonstances , agi plutôt en pirates qu'en agents d'un gouvernement dont le but devait être de s'opposer à toute violation du droit des gens. Ils commettent mille injustices très nuisibles au commerce, contre lesquelles on ne saurait protester avec trop d'énergie.

Il y a beaucoup de Comoriens établis à Zanzibar; ils sont actifs et intelligents, et de couleur plus claire que les autres races d'Africains.

On trouve aussi quelques malgaches venus de la côte Occidentale de Madagascar.

Durant les moussons Nord-Est, les rues de Zanzibar sont encombrées de Somalis aux traits farouches et de Sourys, arabes de la côte d'Oman, connus pour leur turbulence et leurs vols.

Dès le quinze décembre, on voit arriver sur des boutres ces sauvages aux traits repoussants, aux cheveux et à la barbe rougis par une application prolongée de chaux vive, aux vêtements sales, qui apportent du requin salé. Les piles de ce poisson à moitié putrifié, accumulées sur le marché, remplissent l'air d'une odeur repoussante. Dès les premiers vents du Sud-Ouest, vers le mois d'avril, ces arabes et ces africains regagnent leurs côtes, emmenant avec eux des esclaves de tout âge et de tout sexe. En 1864, le Sultan a promulgué un décret prohibant le transport des esclaves dans ses propres états durant les moussons Nord-Est ; ce décret, rendu à l'instigation du Consul anglais, donne plus de facilité aux croiseurs pour empêcher la traite en dehors des limites fixées par les traités. Il est probable que les Sourys, ne pouvant plus, sans grandes difficultés, transporter de cargaison humaine en Arabie, viendront dorénavant en moindre nombres, à moins qu'ils ne se décident à une protestation à main armée qui pourrait avoir pour les Européens les mêmes résultats que le massacre de Djeddah.

Le langage usuel dans les domaines du Sultan de Zanzibar est le Kisouaheli ; il appartient à la grande famille des langues de l'Afrique Méridionale et de l'Afrique Centrale. Des dialectes de cette langue sont parlés dans toute la vaste région qui, comprise entre le 3e degré latitude Nord et le Zambesi, s'étend dans l'intérieur du continent jusqu'aux lacs Tanganyika et Nyanza. Elle est douce et agréable, sans sons gutturaux ; la structure grammaticale en est très-simple. Les Souahélis n'ont point d'alphabet à eux propre ; ils ont emprunté les caractères arabes qui ont pour une langue si prodigue de voyelles le grand inconvénient de ne les représenter que par des signes presque toujours omis dans l'écriture. L'éducation est très négligée à Zanzibar ; quelques vieux Moullahs sont chargés d'apprendre à lire et à écrire aux enfants ; quand ceux-ci peuvent déchiffrer le Coran et réciter leurs prières quotidiennes, l'éducation est considérée comme complète. La mission française récemment établie à Zanzibar a fondé une école qui, tant sous le rapport de l'instruction littéraire que sous celui des arts et métiers, est appelée à rendre les plus grands services à la cause de la civilisation.

Le gouvernement à Zanzibar , comme dans tout pays

oriental, est une monarchie absolue. Le sultan jouit des droits les plus étendus sur ses sujets ; les étrangers seuls sont soustraits à son autorité par suite des traités passés avec les diverses puissances Européennes, et ne reconnaissent d'autre suprématie que celle de leurs consuls respectifs.

Dans les états du sultan de Zanzibar , il n'existe aucun tribunal régulier ; les chefs n'ont ni code ni réglements écrits pour les guider dans leurs arrêts. En matière civile, le Cadi juge suivant le Coran et ses commentaires, sans avocats ; il entend les parties et rend immédiatement le jugement. Mais les Cadis ne sont ni respectés ni respectables, et ils cèdent souvent à la corruption. Dans tous les cas, on a le droit d'en appeler au sultan, lequel juge en dernier ressort.

Les causes criminelles sont toutes soumises au sultan qui siége publiquement dans ce but deux fois par jour ; tout le monde a libre accès auprès de lui, et l'arrêt est rendu séance tenante. Les Arabes ne conservent jamais de rapports écrits, même pour les affaires les plus importantes. La présomption n'est pas admise ; il faut le témoignage direct de plusieurs personnes.

En cas de meurtre, seul crime qu'on punisse de la peine de mort, le coupable est exécuté, aussitôt la sentence rendue, à moins qu'il ne paie à la famille de la personne assassinée le Diyat de 4,000 francs, prix du sang, que la famille peut, à son choix, accepter ou refuser. Dans les cas graves, le coupable est mis aux fers ou est condamné à payer une amende ; les délits sont punis de la bastonnade que le coupable reçoit suspendu à une potence par les bras et avec des poids fort lourds attachés aux pieds. Un voleur récidiviste est condamné à la mutilation de la main droite. Les esclaves marrons sont exposés sur la voie publique près du palais du Sultan, le cou entouré d'un collier de fer rivé à une lourde chaîne qui lie ensemble hommes, femmes, enfants; l'air triste et abattu de ces esclaves, leur corps maigre et décharné, leur figure hâve et cadavéreuse inspirent une pitié profonde; ils restent ainsi enchaînés jusqu'à réclamation du propriétaire, et le spectacle qu'ils offrent est des plus révoltants. La torture est encore en usage à Zanzibar ; le plus souvent, lorsque la plage est découverte à basse marée, on enterre le prévenu dans le sable jusqu'au cou, et, s'il n'avoue son crime, on le laisse dans cette position jusqu'à ce que le flux recouvre sa tête. Les exécutions capitales sont fort rares : du reste, chaque Arabe ayant droit de vie et de mort sur sa famille et ses esclaves se trouve maître souverain dans sa maison.

Il n'y a pas de police régulière à Zanzibar : ce sont les soldats Bélouches et Mékrani du Sultan qui, chargés de maintenir l'ordre, font des patrouilles dans les rues pendant la nuit et sont préposés à la garde des prisonniers dans le fort : mais, lâches et vicieux, ils commettent eux mêmes de nombreux vols, loin de les réprimer. Moyennant quelques menues pièces de monnaies, les prisonniers confiés à leur garde peuvent acheter leur liberté. Dans la geôle, les deux sexes sont confondus ensemble.

L'armée du Sultan se compose de 1,400 soldats irréguliers armés de mousquets ou fusils à pierre, Bélouches, Mékranis, Arabes de la côte d'Hadramant, et de quelques artilleurs Turcs, Albanais et Persans. Ces troupes gardent les forts de Zanzibar, de Quiloa, de Mombaz, de Pemba, etc. Leur solde varie de trois à cinq piastres par mois. Sans discipline aucune, elles ne servent qu'à former la garde du Sultan et quelquefois à réprimer les troubles occasionnés par les Arabes venus du Nord. Il existe un certain nombre de canons qui ont été achetés en Angleterre, mais, excepté pour quelques pièces de montagne, il manque d'affûts et de projectiles.

Les forces navales consistent en une frégate de 52 canons, deux corvettes, l'une de 30 et l'autre de 22, et un brick de 4 canons. Le Sultan possède en outre trois navires qu'il affrête aux négociants pour faire le commerce avec la côte africaine et avec l'Inde. Il y a toujours quelques uns de ces vaisseaux à l'ancre dans la rade de Zanzibar.

Les principales sources du revenu public sont les droits d'importation, le tribut payé par les Moukhadim, et l'impôt levé depuis 1864 sur les cocotiers et les giro-fliers.

Dans tous les ports appartenant au Sultan de Zanzibar, on paye un droit de 5 % sur les objets importés, ex-ception faite de l'argent monnayé. Aucun article n'est prohibé, et toute marchandise exportée est exempte de taxe : l'ivoire et le copal sont les deux seuls articles sur lesquels le Sultan lève et peut, à son gré, d'après les traités, lever un droit plus élevé. Les droits de douane sont affermés à un Banyan pour environ un million de francs. Les Moukhadim, sur lesquels on lève un impôt de 12,000 piastres, sont les descendants des Persans qui étaient possesseurs de Zanzibar et de Pemba avant la conquête des Arabes de Mascate ; ils habitent l'inté-rieur de ces deux îles, et reconnaissent l'autorité du Mou-niamkou (Grand Seigneur) qui réside à Dounga, et exerce sur la totalité de l'île, à l'exception de la ville de Zanzibar et de ses environs immédiats, une grande in-fluence. Cet impôt remplace la corvée que devait chaque famille à raison de deux piastres par tête. Le Mouniam-kou, descendant des Sultans de Quiloa, originaires de

Shiraz, qui régnaient jadis sur une grande partie de la côte orientale d'Afrique, est responsable du paiement de cette taxe de capitation. En temps de guerre, l'influence du Mouniamkou pourrait être utilisée avec succès par les ennemis du Sultan , puisque de lui dépend la présence ou l'absence des Moukhadim et de leurs esclaves sous les drapeaux de celui-ci.

En 1864, le Sultan a décrété qu'à l'avenir on prélèverait un impôt de deux pesas par cocotier et de 5 % sur les clous de girofle : cette mesure qui a été prise d'après les conseils du consul anglais , a excité le mécontentement général ; car, jusqu'à ce jour, les propriétés foncières n'avaient été soumises à aucune taxe; en temps de guerre seulement, le maître devait assembler ses serviteurs et se tenir aux ordres du Sultan.

La vente des liqueurs et du tabac, n'est assujettie à aucun droit; l'usage en est du reste peu répandu dans un pays où il est strictement défendu de fumer devant un supérieur et surtout en présence du Sultan ou d'un des princes.

Le commerce de Zanzibar doit son importance aux maisons Française, Anglaise, Américaine et Hambourgeoise qui se sont établies durant ces dernières années. En 1830 et même plus tard encore, la rade de Zanzibar n'était fréquentée que par des boutres Arabes ou Indiens exportant du copal et de l'ivoire, important des dattes et des étoffes de Mascate et de Cutch ; aujourd'hui on voit souvent à l'ancre plusieurs navires Européens qui viennent chercher une cargaison pour l'Europe.

Les navires Français et Hambourgeois sont exclusivement engagés dans le commerce de Zanzibar, et viennent directement d'Europe , le plus souvent sur lest; ils s'arrètent à Nossi-Bé, d'où ils apportent du bois d'ébène et du riz de Madagascar.

La plupart des navires anglais sont expédiés de Bombay ou de Kurrachie. Les boutres de l'Inde appartiennent à Mandavie, port situé à l'entrée du golfe de Cutch qui a une grande importance commerciale ; ces bateaux quittent leur port avec les moussons Sud-Ouest, vers le mois d'octobre, et, durant la belle saison, ils visitent divers ports de la côte Orientale d'Afrique, Barbra, Magdosha, Marka, Brava, Lamo, Mombaz, Zanzibar, où ils font le commerce.

ÉTAT DE LA NAVIGATION.

PAYS AUXQUELS APPARTIENNENT LES NAVIRES.	(indépendamment des boutres qui font le commerce entre les divers ports de la côte.)					
	1859		1860		1862	
	Nombre	Tonnage	Nombre	Tonnage	Nombre	Tonnage
ANGLETERRE	1	350	«	«	4	1 050
ÉTATS-UNIS — au long-cours	24	7 451	20	6 852	5	2 093
ÉTATS-UNIS — baleiniers ou en ravitaillement	7	1 880	2	464	9	«
FRANCE — au long-cours	11	4 220	11	4 860	10	4 444
FRANCE — caboteurs ou boutres comoriens	3	99	6	374	7	«
HAMBOURG	18	3 196	21	4 570	11	3 982
Nations diverses (PORTUGAL, ESPAGNE, DANEMARCK, SARDAIGNE, MASCATE)	19	6 178	15	5 312	19	5 849
	83	23 374	75	22 432	65	17 418

NOTA. Le fret pour la France, les Etats-Unis, l'Angleterre et Hambourg varie de 100 à 110 francs par tonneau; pour Bombay et l'Inde, il n'est que de 75 francs.

Il y a en outre un grand mouvement de boutres et de barques appartenant aux divers ports des Etats du Sultan ; ces boutres font un commerce important avec les îles Comores, les ports des possessions Portugaises de Mozambique, la côte ouest de Madagascar et la côte Orientale d'Afrique , ils remontent même jusqu'en Arabie. Ils ne naviguent que vent arrière ou grand-largue, et profitent toujours des moussons pour faire leurs traversées.

Zanzibar est devenu aujourd'hui le principal marché du monde pour l'ivoire, le copal, les clous de girofle, qu'on y échange contre des cotonnades, des verroteries et du fil de laiton.

La gomme copal se trouve enfouie dans la terre sur la côte Orientale d'Afrique depuis l'équateur jusqu'au sud de Quiloa. C'est surtout dans des plaines dénuées d'arbres qu'on fait les fouilles; il suffit de creuser de quelques pieds pour obtenir une ample récolte. Le débouché ouvert en Europe à ce produit donnera beaucoup d'extension à la recherche de cette résine qui se trouve en quantités si considérables dans cette partie du monde. Le copal présente à sa sortie de terre, indépendamment des grains de sable qui y adhèrent, une croûte extérieure blanchâtre, dûe à une altération de la résine par l'humidité et l'air; on le débarrasse de cette croûte et du sable, en le laissant tremper plusieurs jours dans une solution caustique. On le fait sécher, puis on le monde à l'aide d'une brosse dure, et on enlève les impuretés incrustées à la surface avec un instrument tranchant. Le copal à Zanzibar se subdivise en deux classes principales, l'une dure, à surface fortement chagrinée par l'impression du sable grossier qui s'y trouvait fixé (sandarousi), l'autre plus blanche, assez friable, à surface plus lisse, qu'on nomme chakazi ou copal vert ; il est probable que ces deux résines ont une origine commune. La première gomme, bituminisée par son séjour sous une couche de terre assez profonde pour la garantir des influences atmosphériques, est la plus estimée ; l'autre forme des vernis souvent moins colorés que ceux du sandarousi, mais beaucoup moins durables.

L'introduction du giroffier dans les îles de Zanzibar et

de Pemba ne date que de 1820 ; mais les plantations de cet arbre ont si bien prospéré, que ses fleurs séchées au soleil et connues dans le commerce sous le nom de clous de girofle, comptent certainement parmi les productions les plus importantes de l'île. Le produit de la moyenne des récoltes dépasse soixante mille quintaux.

L'ivoire vient du centre de l'Afrique. Chaque année, des caravanes de plusieurs centaines de porteurs vont jusqu'aux grands lacs et au-delà acheter aux tribus qui habitent ces régions intérieures les défenses d'éléphants qu'elles rapportent à Zanzibar après un long et pénible voyage de plusieurs mois, quelquefois même d'une année ; ces défenses mesurent souvent sept pieds de long et pèsent un quintal ou plus, ce qui en rend le transport très-difficile dans un pays où tout se fait à dos d'hommes. L'Afrique centrale est dépourvue des chameaux du Nord, des charriots de bœufs du Sud ; l'homme est la bête de somme de la zône tropicale. L'ivoire de Zanzibar est blanc et d'une belle texture, d'un grain fin et serré.

Les autres objets destinés à l'exportation sont les caouris, ou petites coquilles du genre cyprœa qu'on expédie à la côte Occidentale d'Afrique où elles servent de monnaie, le sésame qui vient en grande partie de Lamo et de la côte adjacente où la culture de cette plante s'étend annuellement à cause de la demande toujours croissante de cette graine en France, le coprah ou amande desséchée de la noix de coco qui, ainsi que les graines de sésame, s'expédient à Marseille pour en extraire l'huile. Peut-être serait-il préférable d'établir sur un modèle simple et primitif des moulins à huile, tels que ceux dont on se sert dans certains pays de l'Inde ; ils permettraient, à bas prix, d'exprimer l'huile de ces substances oléagineuses et d'éviter un excès de fret inutile.

Tout le commerce étranger, tant pour l'importation que pour l'exportation, passe par les mains des banyans qui au respect de leurs engagements , qualité si nécessaire pour conclure des contrats avec les Européens, joignent une ruse et une patience indispensables pour traiter les affaires avec des Arabes et des nègres.

Le commerce d'importation consiste presque exlusivement en étoffes de coton blanches, bleues, ou de couleur, en verroteries de toutes sortes, et en fil de laiton de grosseur variable. Les cotonnades servent à l'habillement de toutes les classes d'Arabes et d'Africains ; les autres articles sont des ornements très-recherchés par les nègres. Dans l'intérieur de l'Afrique, les étoffes servent comme monnaie d'or et d'argent ; les perles de verre peuvent se comparer à notre monnaie de billon.

Jusqu'en 1835, l'Inde seule faisait le commerce avec Zanzibar, et nous trouvons que les importations montaient aux diverses sommes de

en 1820.	en 1825.	en 1830.	en 1835.
341.687 fr.	685.465 fr.	763.628 fr.	795.407 fr.

comprenant les étoffes de coton pour des valeurs de 2 à 400,000 francs, les perles de verre pour des valeurs de 50 à 150,000 francs , le fer, (barres, clous, quincaillerie , etc.) pour des valeurs de 65 à 200,000 francs. Depuis 1835, tous ces articles , à l'exception de certaines étoffes de couleur qu'ils préfèrent aux étoffes européennes, ont été importés d'Europe ou d'Amérique. Le commerce Indien n'a pas cependant souffert de la concurrence Européenne comme on pourrait le croire au premier abord ; il s'est au contraire développé. Les nouveaux goûts qu'à développés la civilisation, les richesses répandues par les étrangers dans ce pays jadis si pauvre , la présence d'un grand nombre de banyans ont produit un effet salutaire sur l'extension du commerce Indien. Si l'on consulte le livre bleu de la douane de Bombay , on trouvera pour le total des exportations des années 1851, 1856 et 1861 les chiffres suivants :

	1851	1856	1861
Marchandises	3.314.905	4.591.487	3.324.322
Espèces	333.837	452.000	1.170.525

chiffres qui montrent un accroissement considérable dans le commerce, si on les compare avec les chiffres que nous avons donnés pour les années de 1820 à 1835.

La valeur totale des exportations peut être établie ainsi qu'on le verra dans le tableau suivant qui montre dans quelles proportions les diverses nations ont coopéré au commerce de Zanzibar, durant les années 1862 et 1863 :

PAYS OU SONT EXPORTÉS LES DIVERS ARTICLES.	VALEUR DÉCLARÉE DES EXPORTATIONS	
	pour 1861-62 FR.	pour 1862-63 FR.
Afrique (côte orientale d')	3.628.588	3.865.575
Arabie, Perse	300.250	568.480
Etats-Unis.	269.390	930.430
France	1.019.467	936.550
Hambourg.	873.240	1.136.940
Inde anglaise.	2.841.250	2.388.925
Inde (états de l') sous le protectorat anglais. .	1.114.500	1.061.830
Italie.	«	74.230
Total des exportations.	10.076.685	10.962.960

NATURE ET VALEUR DES ARTICLES EXPORTÉS DE ZANZIBAR DURANT LES ANNÉES 1861-62 et 1862-63.

D'après les documents fournis par Cordji, fermier des Douanes.

	1861-62.	1862-63.
Armes	150.000	87.750
Argent monnayé	1.925.000	1.219.000
Arrow-root	5.625	«
Bétel	1.000	«
Bois de construction	40.330	58.685
Café	4.300	2·750
Caouris	584.550	207.000
Céréales	33.500	47.000
Chandelles	1.000	750
Cire	59.175	29.955
Clous de girofle	1.009.200	1.660.435
Cocos	510.585	715.630
Cotonnades	2.340.000	2.560.265
Copal	519.810	801.385
Cornes de gynda	1.250	4.750
Dattes	5.000	7.500
Divers	116.252	36.655
Ecaille de tortue	35.185	12.275
Epices	45.000	20.000
Farine	«	10.750
Fil de laiton	75.000	125.000
Fruits secs	«	650
Ghie (beurre fondu)	45.000	60.000
Gommes et résines	2.685	4.485
Graines oléagineuses	423.245	775.580
Ivoire	1.548.885	1.265.660
Métaux	47.800	57.500
Miroirs	500	«
Nattes	3.250	7.250
Opium	5.000	10.000
Orseille	38.610	374.200
Peaux	249.445	466.510

(*Suite.*)

Poivre	34.915	28.780
Poudre.	35.000	50.000
Quincaillerie	«	500
Sel.	7.500	7.510
Sucre.	30.500	51.250
Tabac.	1.500	122.500
Verrerie et porcelaine . .	25.000	50.000
Verroteries.	135.000	23.000
Vêtemens de laine. . . .	10.000	«

Les exportations faites de Zanzibar en France durant les six années de 1858 à 1863 nous représentent, en moyenne, par an, une valeur d'un million de francs.

Valeur des exportations pour France.	en 1858.	en 1859.	en 1860.	en 1861.	en 1862.	en 1863.
	1.018.681	740.890	955.387	1.087.762	1.019.467	936.550

Le sésame entre dans ces divers totaux pour une somme variable de 2 à 400,000 fr., le coprah pour une somme à peu près égale. Les caouris, en 1860 et en 1861, ont été exportés en grande quantité à Marseille ; mais la maison de commerce qui s'occupait spécialement de cette exportation dont le chiffre a atteint jusqu'à 300,000 francs, a liquidé et s'est retirée de Zanzibar. L'orseille devient de jour en jour plus recherché. Les cuirs secs qui, en 1859, figuraient dans nos envois pour une somme de 150,000 fr. ne sont plus achetés que par les maisons Américaines et Hambourgeoises ; c'est cependant une branche de commerce qui semble appelée à prendre une grande importance dans un pays voisin de contrées où existent de nombreux troupeaux de zébus. L'ivoire et le copal ne trouvent pas de débouché sur le marché français; ces articles sont envoyés de préférence à Londres et en Amérique; avant la guerre des Etats-Unis, on exportait quelquefois pour plus d'un millon d'ivoire à Boston. La maison Anglaise s'occupe activement d'étendre la culture du coton et de la canne à sucre ; elle s'efforce d'augmenter la quantité de marchandises à exporter et de substituer à des articles de luxe dont la demande peut cesser ou diminuer d'un jour à l'autre, des objets de première nécessité.

Dans le tableau suivant, on pourra se rendre compte de l'importance commerciale de Zanzibar, au point de vue de l'écoulement des produits européens :

PAYS D'OU VIENNENT LES DIVERS ARTICLES IMPORTÉS.	VALEUR DÉCLARÉE DES IMPORTATIONS	
	en 1861-62.	en 1862-63.
Afrique (côte orientale d') et îles adjacentes. . . .	2.751.600	4.901.860
Angleterre	«	591.560
Arabie, Perse	239.000	251.100
Etats-Unis	660.000	621.750
France, espèces	665.823	» »
marchandises. . .	30.177	996.750
Hambourg	979.500	1.251.000
Inde anglaise	2.797.530	3.744.420
Inde (états de l') sous le protectorat anglais	1.470.000	435.500
Italie	»	172.500
Total. . . .	9.593.630	12.966.440

NATURE ET VALEUR DES MARCHANDISES IMPORTÉES DURANT LES ANNÉES 1861-62 et 1862-63.

D'après les documents fournis par Cordji, fermier des douanes.

	1861-62.	1862-63.
	FR.	FR.
Alkali.	375	15.605
Argent monnayé	707.500	1.886.500
Armes	18.000	36.130

(*Suite*).

Bétel.	1.500	560
Bois de construction. . .	25.250	46.975
Café	7.000	6.250
Caouris.	180.000	250.000
Céréales.	479.000	244.500
Chandelles.	8.500	19.370
Charbon de terre. . . .	50.000	144.955
Cire	7.000	16.000
Clous de girofle (des iles Pemba).	«	200.000
Cocos.	«	1.320
Coco (corde de) . . .	20.000	«
Copal.	750.000	1.000.625
Cornes de gynda. . . .	9.500	6.000
Coton·	1.500	2.350
Cotonnades.	2.925.000	4.198.580
Cuivre (objets de) . . .	20.000	1.610
Dattes	13.000	22.500
Divers	776.725	437.660
Drogues.	9.500	9.050
Ecaille de tortue.	«	10.000
Epices	50.750	40.500
Esclaves.	600.000	500.000
Etoffes de Mascate. . .	125.000	100.000
Etoffes diverses.	3.000	14.920
Farine	230.000	41.000
Fil.	24.500	9.910
Fil de laiton.	52.395	35.000
Fruits secs.	2.500	3.500
Ghie (beurre liquéfié). .	130.000	185.000
Gommes et résines (non compris le copal). . .	32.500	3.850
Huile de poisson	20.000	15.000
Huile et graines oléagineuses	75.000	544.685
Ivoire.	151.600	1.385.805
Matières tinctoriales (sauf l'orseille)	7.000	17.275

(Suite).

Métaux	20.250	54.215
Miroirs	4.000	6.400
Nattes	102.000	20.350
Opium	13.250	36.500
Orseille.	300.000	325.000
Papier	10.500	13.275
Parfumerie.	18.875	17.000
Parapluies	3.000	3.500
Peaux	90.000	60.000
Peinture.	5.000	7.725
Poisson salé	25.000	20.000
Porcelaine, verrerie . . .	10.000	26.340
Quincaillerie	103.000	174.135
Sel.	12.375	15.000
Soieries.	27.500	28.750
Sucre.	92.500	189.180
Tabac.	20.750	143.500
Vins et liqueurs	38.135	19.250
Verroteries.	175.000	408.295

Les importations françaises ont été, durant les six dernières années, sujettes à des variations très considérables.

Valeur des importations de France pour Zanzibar . .	en 1853.	en 1859.	en 1860.	en 1861.	en 1862.	en 1863.
	967.360	720.340	1.198.914	475.896	696.000	996.750

Il arrive très fréquemment que nos maisons de commerce sont obligés d'importer de l'argent monnayé pour acheter les articles d'exportation ; ainsi, en 1862, par exemple, plus de 650,000 fr. ont été expédiés de Marseille en pièces de 5 francs. Durant les années 1859 et 1860, il avait été importé des tissus de coton imprimés pour une somme importante (plus de 200,000 fr.); mais malgré la faveur dont ont joui ces articles à leur arrivée, ils n'ont pu devenir une branche stable de commerce à cause de la mauvaise qualité de ces étoffes qui de suite a dé-

gouté tous les acheteurs. Les armes à feu et les liqui-
des tels que vin, rhum, eau de vie, les perles de verre,
les articles de bonneterie sont parmi les importations françaises les plus importantes. Remarquons cependant qu'à
l'exception des cotonnades bleues et blanches, tous les
articles subissent des variations de prix considérables ;
l'abondance ou la rareté momentanée des objets qu'on
importe toujours en quantité trop grande à la fois règle
le prix des marchandises dans un pays où l'écoulement
est limité et où les communications sont rares. Il serait
à désirer qu'il s'établit en France des manufactures spécialement réservées à la fabrication de produits pour
l'exportation, d'où sortissent des marchandises de bonne
qualité, manufacturées suivant le goût du peuple auquel
elles sont destinées.

Les maisons de commerce de Boston, qui en 1859
importaient pour 1,780,235 fr. et en 1860 pour 2,969,
859 fr., et qui jusque-là tenaient entre leurs mains presque
tout le commerce d'importance de Zanzibar, ont cédé la place
à la nouvelle maison Anglaise, depuis que la guerre civile
a éclaté dans leur pays ; en 1862, leurs importations étaient
réduites à 378,032 fr. , et depuis lors leurs affaires restent
forcément en stagnation. Les cotonnades (quelquefois pour
une somme de 2,500,000 fr.), les armes à feu et la poudre
formaient leurs principaux articles d'importation.

A certaines époques, il y a eu des diminutions considérables dans la quantité de marchandises importées et
exportées ; mais on doit, suivant les années, attribuer ces
états anormaux à des épidémies, à la crainte d'une inva-
sion de la part de l'Iman de Mascate, aux troubles cau-
sés par la rébellion de quelques chefs Arabes.

Je joins à ce résumé sur la situation commerciale de
Zanzibar le tableau des prix-courants des principaux articles

vendus sur le marché de cette ville, et un tableau des poids et mesures en usage dans le pays :

PRIX-COURANT DES PRINCIPAUX ARTICLES TROUVÉS SUR LE MARCHÉ DE ZANZIBAR en 1863.

	Unité.	Valeur.	
		F.	C.
Caouris	1 Djeslah	22	00
Cire	1 Fraslah	44	00
Coco (noix de)	Les 1,000	27	50
Coco (corde de)	1 Fraslah	5	50
Copal (dur)	—	38	50
id (tendre)	—	16	50
Coprah	—	5	50
Cotonnades blanches	les 20 pièces de 36 yards chac.	500	00
Cotonnades bleues	les 25 pièces de 8 yards chac.	(variable) 150	00
Cuirs secs	la pièce	5	50
Etoffes de Bombay et de Mascate			
Joho, étoffe de laine de couleur	1 yard.	2	50
Dabouani bleu avec une large bande rouge	2 yards ½	3	00
Bandéra, étoffe rouge	1 yard.	0	70
Soubaï, étoffe de soie et coton	1 yard 75	35	00
Manafou, étoffe de soie et coton	idem	22	00
Eau de vie	la caisse de 12 bouteilles	19	50
Ecaille de tortue	1 Fraslah	594	00
Fès, bonnets Egyptiens	la douzaine	40	00
Fusils à pierre	l'un	11	00
Girofle	1 Fraslah	6	90
Ivoire, première qualité	—	302	50
Laiton (fil de) n° 4 et 5	—	231	50
Myrrhe	—	70	00
Poudre	—	23	09

(Suite).

Orseille	—	5	50
Rhum	bq. 60 litres	65	00
Sésame	19 kilog. 09	5	50
Tabac.	1 Fraslah	38	50
Vin rouge.	bq. 110 litres	75	00
Verroteries.			
Samsam (écarlates). . . .	1 Fraslah	75	00
Nili (vertes).	—	55	00
Sousyomadji.	les mille	80	00
Sifi	—	18	00

TABLEAU DES POIDS ET MESURES EN USAGE A ZANZIBAR.

L'unité de longueur est le Bitil = la longueur de l'index au poignet.

Le Dourrah ou Mkono (coudée) = 45 centimètres.
Le Khété = la double circonférence du cou.
Le Wakiah = 10 khétés.

L'unité de poids est le poids d'une piastre de Marie Thérèse.

$$\text{Un Fraslah} \quad = \quad 15 \quad \text{k. } 625$$
$$\text{Un Jiglah} \quad = \quad 156 \quad \text{k. } 250$$
$$\text{Un Djeslah} \quad = \quad 205 \quad \text{lt. } 714$$

Les Monnaies qui ont cours sont :

La piastre de Marie Thérèse = 5 fr. 50
— française = 5 fr.
— des Etats-Unis (dollar) = 5 fr. 58
La roupie de l'Inde = 2 fr. 50
Le quadruple d'or Espagnol = 82 fr. 50
Le souverain anglais = 25 fr.
Le louis d'or français = 20 fr.

La seule monnaie de cuivre est :

Le pesa de l'Inde = 3 centimes 166.

Ainsi toutes les maisons de commerce ne sont guère, malgré les quelques articles qu'elles importent, que de véritables maisons d'exportation. Pour acheter les marchandises qu'elles veulent expédier, elles doivent importer des espèces ; la maison anglaise a seule le privilége d'importer autant ou même plus qu'elle n'exporte, avantage d'autant plus grand qu'elle fait à son gré sur le marché de Zanzibar le prix de l'article le plus recherché ; la demande des étoffes de coton s'est en effet tellement accrue que les quantités importées se sont au moins décuplées depuis trente ans.

Le commerce Européen a beaucoup enrichi Zanzibar. Lorsque mouilla, en 1830, le premier navire des Etats-Unis, les Arabes étaient tombés au dernier degré de misère; ils n'avaient ni argent ni produits à donner en échange des marchandises Américaines ; et n'eussent été les esclaves, il n'y eût eu aucun port de la côte Orientale d'Afrique où un navire eût pu trouver une cargaison.

C'est à l'entreprise commerciale des Européens que la plupart des articles d'exportation, tels que les matières tinctoriales, le sésame, etc., doivent leur importance. Le progrès a été grand durant les trente-quatre dernières années, mais depuis ces explorations qui ont récemment prouvé que l'intérieur du continent Africain opposé à l'île de Zanzibar est un beau pays, sain, capable de produire abondamment du coton, du café, des céréales, on peut assurer que, malgré toutes les difficultés du transport à dos d'homme, la ville de Zanzibar est appelée à jouer de jour en jour un rôle commercial plus important. Sa rade est la plus commode, la plus sûre, et la mieux située de toutes celles de la côte Orientale d'Afrique ; aussi cette ville est-elle destinée à devenir l'entrepôt général de tous les produits de cette partie du monde qui y afflueront de plus en plus pour être échangés contre les articles d'Europe.

Les plus anciens documens authentiques qui parlent des colonies formées par les Arabes sur la côte Orientale d'Afrique attribuent la fondation des cités de Magdosha et de Brava à la tribu El-Harth qui, vers 924, quittant le pays de Bahrein d'où elle était originaire, s'établit la première en Afrique. Un demi-siècle plus tard, une colonie de Persans de Shiraz fondait la ville de Quiloa. De ces deux points, Arabes et Persans étendirent graduellement leur autorité sur toute la côte jusqu'à Sofala, et s'emparèrent des îles de Zanzibar, de Pemba et de Mafia. Toutes ces colonies formaient autant de républiques florissantes, administrées par un conseil d'anciens que nommaient les citoyens. Elles faisaient un commerce considérable avec l'Inde, la Perse et l'Arabie. Lorsque Vasco de Gama visita pour la première fois la côte en 1498, il y trouva des cités importantes qu'habitaient des Arabes vivant dans le luxe ; c'était Mozambique, Quiloa, Mombaz, Mélinda, Brava, et Magdosha. Beaucoup de banyans de Cutch et de Gujerat résidaient dans ces villes, échangeant les brocards et les mousselines de l'Inde contre l'ivoire, la poudre d'or, la gomme copal, etc. En 1499, Vasco de Gama débarqua à Zanzibar ; dès 1503, les habitants consentirent à reconnaître la suzeraineté du Portugual, et s'engagèrent à payer un tribut annuel. Toutes les villes de la côte tombèrent successivement au pouvoir des Portuguais ; mais le commerce dépérit sous leur domination, et vainqueurs et vaincus arrivèrent graduellement à cet état de barbarie d'où il ne sont plus sortis. La tyrannie des Portuguais poussa les habitants de Mombaz à la révolte ; en 1698, ceux-ci appelèrent à leur secours l'Iman d'Oman, Saif ben Sultan, qui envoya une flotte et les délivra du joug Portuguais. Les autres villes suivirent l'exemple de Mombaz et se soumirent à l'Iman, jusqu'à ce que des troubles dans l'Oman ayant obligé Saïf ben Sultan à rappeler ses soldats en Arabie permirent aux Portuguais de rentrer, en 1728, en possession des diverses villes d'où ils avaient été expulsés. Quelques années plus tard, l'Iman envoya des troupes qui vainquirent les Portuguais, et s'emparèrent de Mombaz; les Arabes envoyés par l'Iman de Mascate, Saïd ben Ahmed, prirent possession de l'île de Zanzibar, en 1784. A l'accession de Sayd Saïd ben Sultan, en 1806, la plupart des villes de la côte étaient encore gouvernées par leurs propres chefs, et l'Iman n'avait qu'une autorité nominale, lorsque les habitants de Lamo, pour se garantir des attaques du sultan de Mombaz, lui demandèrent protection. Sayd Saïd leur envoya un gouverneur et fit bâtir un fort. En 1822, il soumit à son autorité les villes de Patta, Brava, et autres, et d'après ses ordres, le gouverneur de Zanzibar, Mahomed ben Nasir, s'empara de Pemba. Le sultan de Mombaz, craignant une attaque, demanda, en 1823, le protectorat anglais, protectorat qui fut accordé et ratifié en 1824 par le capitaine Owen; le gouvernement anglais désavoua son agent en 1828, et l'Iman de Mascate alla aussitôt à Mombaz avec toute sa flotte; le sultan fut obligé de se rendre. Peu après traîtreusement saisi, il fut envoyé en Perse où il est mort; mais encore aujourd'hui sa famille et ses partisans causent souvent des troubles que l'on a quelque peine à réprimer. L'Iman vint alors pour la première fois à Zanzibar. Aujourd'hui, sauf quelques soulèvements partiels, les habitants de la côte reconnaissent au moins nominalement l'autorité du sultan. A la mort de Sayd Saïd, son fils aîné a hérité de ses états de Mascate, et son troisième fils, Sayd Madjid, des colonies Africaines. Les anglais ont exercé une grande influence sur la politique de Mascate, et si le gouvernement métropolitain s'occupe peu des évènements qui se passent à Zanzibar , il n'en est pas de même du gouvernement de l'Inde ; la politique du gouvernement de Bombay paraît être de dépopulariser le sultan actuel auprès de ses propres sujets , et d'exciter, sans toutefois se compromettre , une révolution qui permette à l'Iman de Mascate de s'emparer des colonies fondées par son père et aujourd'hui détachées de ses états sous l'autorité de son frère. Les anglais ambitionnent la possession de cette île si riche, si fertile qui par sa position géographique se trouve l'entrepôt naturel de toute la côte Orientale. Si l'Iman de Mascate qui est sous la pression directe du gouvernement de l'Inde, s'emparait des domaines de Sayd Madjid, n'auraient-ils pas grande chance d'obtenir en un moment opportun une cession volontaire ou forcée de cette belle colonie arabe en échange de services plus ou moins réels ? Ce sont des questions fort importantes, et dignes d'être étudiées avec soin.